Joséphin Péladan

L'érotologie de Platon et l'érotologie moderne

Copyright © 2022 by Culturea
Édition : Culturea 34980 (Hérault)
Impression : BOD - In de Tarpen 42, Norderstedt (Allemagne)
ISBN : 9782385080525
Dépôt légal : août 2022

I — Le *Synposion*, ou *le Banquet* de Platon

Dans l'ordre expérimental, le dernier venu dépasse fatalement ses devanciers, il possède le fruit de leurs efforts, il part du point qu'ils avaient conquis. La science positive ressemble à l'élévation d'une tour où la nouvelle pierre dépasse forcément toutes les autres. «Ce sont là les sciences imitables dans lesquelles le disciple devient aisément l'égal du maître,» a dit Léonard, quand il établit la démarcation entre la recherche de la quantité et celle de la qualité.

Dans l'ordre transcendantal, le dernier venu peut être un sot incapable de comprendre ses devanciers, inhabile à cueillir le fruit de leurs efforts, et recommençant la recherche d'autres en partant de lui-même! La métaphysique ne ressemble à rien; c'est une lumière qui s'allume dans un grand esprit, pour quelques autres esprits. Est-ce à dire que le génie ne peut être entendu que par le génie, et qu'il y a une question de parité? Non certes, mais il existe une parenté, si éloignée soit-elle, une véritable question de famille spirituelle, bien plus simple en soi qu'un cas de subtilité.

On ne trouve que ce qu'on cherche, on ne voit que sa vision, on entend que sa propre pensée et voilà pourquoi les hellénistes, qui ont établi la meilleure lecture et traduit le *Symposion* de Platon, n'y ont point trouvé de mystère; ils n'y ont vu qu'un dialogue dogmatique parmi d'autres.

Il paraîtra donc impertinent d'ouvrir Platon pour dévoiler le mystère de l'amour; on offense des professeurs qui accepteront malaisément d'avoir piétiné sur un tel trésor, sans le découvrir.

Peut-on écrire sans offenser quelqu'un et surtout le bon sens; il s'oppose à ce qu'un texte sans obscurité ait attendu la lecture d'un auteur dramatique pour révéler son inestimable secret.

Qu'est-ce qu'une révélation? Un nouveau voile sur ce qui ne doit pas rester nu, *revelare* veut dire revoiler. Donc, une révélation consiste dans l'adaptation d'une forme actuelle à une vérité éternelle et cette forme revêt l'idée et la rend visible et virtuelle pour l'esprit.

Toute notion qu'on veut lancer dans le monde doit être à la mode —à la mode spirituelle du temps où l'on écrit— et c'est tant pis pour l'écrivain s'il vit dans un temps de laideur. Pisanello eut à pourtraire Isola Degli

Agliati, en l'année où les femmes se rasaient trois doigts de cheveux pour se dénuder le haut du front et cependant ses œuvres nous plaisent encore.

La mode spirituelle d'aujourd'hui ne permet pas d'invoquer les dieux, ni de s'accompagner sur la lyre ; il faut être un peu ennuyeux pour paraître sérieux, et terre à terre, réaliste et pratique pour inspirer confiance : c'est un programme fâcheux, mais obligatoire.

Symposion sonne admirablement ; comme beaucoup de mots anciens, il semble solennel ; on l'a traduit par banquet, qui désigne en français une table nombreuse groupée par une circonstance politique ou municipale et présidée par quelque dignitaire officiel : souper, ou beuverie serait plus exact, et j'incline pour souper.

Apollodore raconte donc à un ami ce qui s'est passé chez Agathon, le soir où Socrate, Alcibiade et autres y soupèrent : on ne parla que de l'amour, comme des soupeurs contemporains ne parleraient « que femmes ». Mais les propos de table eurent un singulier écho, puisque l'ami d'Apollodore en sut quelque chose par un quidam à qui Phénix en avait parlé et ce quidam ajouta qu'Apollodore en savait beaucoup plus long.

L'anecdote est singulière : d'abord, depuis des années Agathon n'a mis les pieds à Athènes ; ce fameux souper eut lieu au temps où Agathon remporta le prix avec sa première tragédie, le lendemain du jour où il sacrifia aux Dieux, entouré de ses choristes. Apollodore n'était pas au souper et Socrate ne lui a rien raconté, il tient ce qu'il sait de ce quidam qui l'a conté à Phénix, petit homme qui va toujours nu-pieds et répond au nom d'Aristodème.

Ce dialogue se passe sur la route de Phalères ; tout en cheminant, Apollodore va refaire le récit d'Aristodème. Ce préambule passe pour un agrément littéraire, il témoigne pourtant d'autre chose, on y sent la précaution constante d'un écrivain qui exagère la simplicité de son prologue pour dérouter l'inquisition, celle qui fit boire la ciguë à Socrate. Ce souper se recule dans un lointain exagéré ; entre Platon et le lecteur qui le rapporte, il y a plusieurs personnages, Aristodème, Phénix, Apollodore. Ce sera miracle que, passant ainsi de bouche en bouche, les propos des soupeurs ne se déforment pas, circonstance propre à une justification qui semble préparée. On ne sait plus pour qui on écrit. Ni pour qui il faudrait écrire dans un temps anarchique ou les tenants et les assaillants de la tradition, également aveugles, s'opposent leur entêtement néfaste.

Sans doute, chacun possède sa petite paroisse habituée à son prône et qui reste fidèle plutôt à elle-même qu'à l'homéliste : elle acquiesce d'avance à un ordre d'idées chères. Passé ce cercle de l'intimité intellectuelle et sorti de sa secte, on ne sait qui l'on rencontre et comment parler à cet inconnu qui jure peut-être par la licorne, peut-être par le Kerub[1].

Voilà pourquoi un texte classique évite la suspicion et fournit au discours une épigraphe qu'on accepte communément pour valable.

Un traité sur l'amour peut s'ouvrir sur un terme de Platon; car mon bottier lui-même se sert de cette expression d'amour platonique pour désigner, bien à tort, la petite oie et les menus mercis. Plotiniser, serait mal vu et passerait pour une faute d'impression, platoniser pour les dames, c'est flirter: grâce à ces notions fausses et propices, on se flatte d'obtenir l'attention, sous cette garantie officielle dont les étrangers seuls sont exempts et qu'exige Monsieur le public, qui ne veut point être dupe et réclame sur les produits philosophiques la marque de l'État. Si Socrate prononce les paroles décisives, graves, redoutables, il prendra soin d'en décliner la paternité, il répète ce que lui a enseigné une femme, une hétaïre: double invraisemblance, une femme n'a jamais expliqué aucun mystère et surtout dans la société hellénique.

Aristodème rencontre Socrate au sortir du bain; il a ses sandales aux pieds, contre son habitude, parce qu'il va souper chez Agathon, l'auteur dramatique, qui a remporté son premier prix de tragédie aux fêtes Lénéennes. Nous sommes en 416: nous savons qu'Aristophane se moque de l'allure efféminée d'Agathon et qu'Aristote l'accuse d'avoir introduit entre les actes des chœurs étrangers au drame.

Ni Phèdre, ni Pausanias ne nous sont connus, l'un est jeune philosophe, l'autre un homme d'expérience; Eryximaque est médecin, Aristophane et Socrate seuls nous sont familiers.

L'entrée d'Aristodème donne une idée de la courtoisie grecque et celle de Socrate du prodigieux respect qu'inspirait en ce temps la supériorité d'homme sans argent, ni honneurs: il n'importe ici que d'entendre les six discours sur l'amour qui vont se succéder avec une audace croissante.

On résout de ne point faire de débauche et de ne boire que pour son plaisir; la joueuse de flûte est renvoyée; on ne parlera que de l'amour et chacun improvisera un discours à sa louange.

Phèdre, le plus jeune, parlera le premier. L'amour est le plus ancien des dieux, on ne lui connaît ni père, ni mère, car Hésiode fait succéder au

---

[1] Nom hébreu du chérubin. NDE.

chaos la terre et l'amour. « Si par quelque enchantement, un état ou une armée pouvait se composer d'amants et d'aimés aucun peuple ne porterait plus haut l'horreur du vice et l'émulation de la vertu. Des hommes ainsi amis, même en petit nombre pourraient vaincre le monde entier[2]. »

L'amour envisagé comme ferment d'héroïsme s'élève déjà à une hauteur singulière. Connaît-on un roman, voire un poème où le thème éternel se hausse ainsi ?

Phèdre évoque la tendre figure d'Alceste et vitupère étrangement le fils d'Œagre ; lâche comme un musicien qu'il était, plutôt que d'imiter Alceste et de mourir pour ce qu'il aimait, il s'était ingénié à descendre vivant aux enfers. Aussi les Dieux l'ont-ils fait périr par la main des femmes.

L'Amour est le plus ancien des Dieux, le seul capable de rendre l'homme heureux pendant sa vie et après sa mort.

Quels soucis inconnus aux modernes érotiques que la vertu et le devenir ; et l'épithète même d'érotique n'est-elle pas toujours prise en mauvaise part ?

Généreux et idéaliste, tâchant de concilier la vertu, le bien de la cité et la recherche du bonheur, ce discours de Phèdre, enthousiaste et juvénile, ne nous apprend rien.

Pausanias avance un peu, avec un notable *distinguo*, il y a deux Vénus, l'une fille du ciel (ouranos) et qui n'a point de Mère, l'autre fille de Jupiter et de Dioné.

Aimer, ce n'est en soi ni beau, ni laid, ni bon, ni mauvais, non plus que de boire, de manger ou de parler.

Voilà qu'on se heurte à un trait à la fois ethnique et local, la Vénus céleste n'inspire que des amours masculines, qui ne s'attachent point à une trop grande jeunesse, mais au développement de l'intelligence. Cette partie contredit à la raison, à la nature et tache ces belles pages d'une détestable aberration. Il faut oublier la prémisse, pour goûter ses corollaires comme celui-ci : «Si quelqu'un pour s'enrichir ou se pousser dans le monde, se comportait comme on le fait pour l'amour, s'il joignait les larmes aux prières et aux serments et descendait à des bassesses d'esclave, un ami, voire un ennemi l'empêcherait de tomber à un tel avilissement. Cependant, tout

---

[2] Assertion démentie par la courte fortune des Haschachins, des Imaélistes, des Templiers, des mamelucks, des janissaires.

cela sied bien à un amant qui, loin de se déshonorer, se rend estimable, ou plutôt sympathique.»

Le sentiment de Pausanias remplit le théâtre des boulevards où l'homme aveuli par la passion intéresse le public si profondément qu'on ne saurait rien lui présenter qui le touche aussi sûrement.

Le discours va se préciser. Aimer le corps plutôt que l'âme, c'est le vice; céder à la richesse ou à l'influence, c'est la honte; il faut que l'amour se traite comme la philosophie et la vertu; à cette seule condition il est permis. Tout amour qui ne tend pas au perfectionnement intellectuel et moral appartient à la Vénus vulgaire.

Ici, Aristophane a le hoquet et il prie Eryximaque de prendre son tour. Avec le médecin l'horizon s'élargit.

La médecine est la science de l'amour dans les corps. Qu'a fait Asclépios, il a mis l'amour entre ces contraires le froid et le chaud, le sec et l'humide: la musique est la science de l'amour relativement au rhytme et à l'harmonie[3].

Les deux amours de Pausanias se retrouvent dans toute chose divine ou humaine. La religion n'a qu'un but, entretenir l'amour entre les dieux et les hommes. L'amour est donc l'harmonie équilibrant les contraires, la synthèse abolissant à la fois la thèse et l'antithèse: et la synthèse est la vérité.

Aristophane vient d'éternuer, l'immortel comique va envelopper de cocasseries, à la façon de Rabelais, des révélations autrement importantes.

Au commencement, il y avait trois sexes; les deux qui subsistent et un troisième composé de ces deux-là; il n'en reste que le nom, l'androgyne.

La Genèse nous dit que Dieu créa l'homme mâle et femelle, la Chine nous le répète en ses livres sacrés.

Cette opinion a pour elle les textes les plus anciens, mais les textes anciens ne représentent que des allégories.

Le grand comique décrit l'androgyne primitif risiblement, pour que la caricature truculente déroute les frelons, les profanes.

Le masculin est fils du soleil; le féminin de la terre; l'androgyne a une troisième maternité qui est la lune.

Deux noms, Ephialtès et Otos[4], évoqués à propos du troisième sexe, sup-

---

[3] L'orthographe paraît singulière, mais, si l'on se réfère au grec, c'est évidemment Péladan qui a raison. NDE.

[4] Dans la Théomachie, Apollon creva les yeux d'Ephialtès. Otos est un Aloade cité par Homère. L'androgyne correspond au Ghibor de la Genèse. NDA.

posent que postérieurement à la Gigantomachie, il y eut une Androgyno-machie, seconde révolution de l'élément terrestre.

Zeus ne veut pas cette fois employer la foudre, il se contentera d'affaiblir l'androgyne, de le dédoubler, littéralement, d'un en faire deux, comme on coupe les œufs avec un cheveu quand on veut les saler[5]. Apollon accommoda ces corps auquel il manquait un côté, comme on détacherait un haut-relief pour en faire une ronde-bosse. Alors, chaque moitié d'androgyne chercha celle dont on l'avait séparé et quand elles se joignaient, elles s'embrassaient avec une telle ardeur qu'elles périssaient dans cet embrassement qui les rendait à leur unité.

«Chacun de nous n'est donc qu'une moitié d'androgyne qui a été détachée d'un tout, de la même manière qu'on sépare une sole en deux.» On donne le nom d'amour au désir de revenir à l'état androgyne : «l'Amour, après cette vie, nous rétablira dans notre état, guérira nos infirmités et nous dispensera un bonheur sans mélange.»

L'auteur des *Nuées* révéle en même temps que l'origine, l'aboutissement du devenir et cette conception du cycle de la personnalité humaine, n'a pas été exprimée dans un texte antérieur. Elle n'appartient ni à Platon, ni à Socrate, ni aux Grecs : c'est une parole des mystères brusquement proférée sous sa forme la plus claire.

Le discours d'Agathon, l'auteur dramatique, sonne creux. Pour lui, l'Amour est le plus heureux des dieux, parce qu'il en est le plus beau, le plus jeune, le plus vertueux. L'Amour est poète, il donne la paix aux hommes, le calme à la mer, le silence aux vents, un lit et le sommeil à la douleur. Ce verbiage sans portée ne sert qu'à amorcer le discours de Socrate.

Celui-ci, fidèle à son procédé de questionneur, commence par obtenir qu'Agathon consente des prémisses. L'Amour est-il l'amour de quelque chose ou de rien ? De quelque chose, assurément, et de quelque chose qu'il ne possède pas et qu'il désire. Car on ne désire point ce qu'on possède, mais seulement ce qui nous manque.

Éros est le désir, la faim, la soif, l'aspiration, l'attraction, et comme on ne se désire jamais soi-même, Éros qui désire le Beau et le Bon, n'est ni beau, ni bon.

---

[5] Le rédacteur de la Genèse et l'Académicien se rencontrent, mais la côte, l'os que les Œlohins prennent à Adam pour en former Eve, ne peut être qu'une erreur de copiste : il s'agit d'un des côtés, comme le dit Aristophane d'une coupe longitudinale. NDA.

Ici commence une profonde étude de l'âme humaine. «J'en viens, dit Socrate, au discours que me tint un jour une femme de Mantinée, Diotima. Savante sur ce qui concerne l'Amour et sur beaucoup de choses, elle prescrivit aux Athéniens les sacrifices qui suspendirent pendant dix ans une peste dont ils étaient menacés. Je tiens d'elle tout ce que je sais sur l'Amour.»

Voici, réduit en formules précises, ce que savait Socrate:

Éros n'est pas un dieu, car il n'a ni la beauté ni le bonheur qu'il cherche sans cesse: c'est un démon. Un démon tient le milieu entre les dieux et les hommes.

L'essence divine n'entre en communication avec l'homme que par les démons, et l'homme non plus ne s'entretient pas avec les dieux sans l'entremise des démons.

L'Amour n'est qu'un démon. Fils de Poros (le Passé, la tradition, la richesse) et de Poenia (le Présent, la pénurie), Éros (le désir) est né le même jour que Vénus.

De sa mère la mendiante, il tient l'aspect malingre et les instincts de bohème; de son père il tient l'audace, sans cesse au pourchas du beau et du bon, «artificieux, curieux, sophiste et magicien». Ni riche, ni pauvre, puisqu'il acquiert sans conserver; ni ignorant, ni sage, car il aspire à la science sans la posséder.

Enfant d'un père riche et sage et d'une mère pauvre et ignorante, Éros n'est pas l'Aimé, l'objet de l'amour, mais l'Amant, le sujet de l'amour:

Etymologiquement, la poésie est l'action de faire passer une chose du non-être à l'être; tout artiste, tout ouvrier, est poète, mais on entend surtout poésie dans le sens de création et plus spécialement dans un mode prosodique et musical. Ainsi tous ceux qui désirent l'or, la gloire, sont bien des désireurs, des amants de la richesse et des lauriers, mais les vrais désireurs sont ceux qui ne cherchent que l'amour lui-même.

Ici Diotima combattra Aristophane: aimer ce n'est pas chercher sa moitié, car notre moitié pourrait ne valoir guère mieux que nous-mêmes et, réunis à elle, nous ne serions pas meilleurs.

J'ajouterai que le phénomène amoureux se produit souvent au profit d'un être antithétique: n'est-ce pas une vieille remarque que les petits hommes épousent de grandes femmes et vice versa et que les différences intérieures constituent des complémentarismes. Une âme passive sera séduite par l'activité : Desdémone ne ressemble guère au More, ni Marguerite à Faust, ni Dona Elvire à Don Juan. Le grand comique s'est trompé.

L'amour cherche à se compléter, mais son complément ne sera pas son sosie, sa moitié de poire ou de médaille. L'objet de l'amour, c'est l'enfantement dans la beauté pour l'immortalité.

Je laisse de côté ce qui a trait à l'enfantement physique qui ne sert qu'à créer un parallélisme d'appui pour l'enfantement spirituel. L'homme meurt à mesure qu'il vit, nous savons qu'en sept années notre corps a renouvelé toutes ses molécules. Les sentiments aussi meurent et renaissent comme les cheveux, comme la peau. Qu'est-ce que la réflexion sinon un effort vers une notion qui s'efface ? Qu'est-ce que l'oubli, sinon l'abolition d'une connaissance ? Le souvenir conserve une chose morte. On se souvient d'un sentiment éteint comme d'un être défunt.

Il en est qui sont féconds selon l'esprit. Ceux-là suivront une ascèse qui les mènera à la perfection. Elle commence par la recherche des beaux corps. Celui qui ne serait sensible qu'à la rencontre de la beauté, s'élèverait déjà au dessus de la plupart des tentations où manque la beauté ; il éluderait par cela seul la concupiscence.

Le second point consiste à n'aimer qu'un seul être. Ensuite, il s'initiera à la beauté de l'être jusqu'à l'aimer dans un corps dépourvu d'agréments : ainsi, il sera amené à comprendre la beauté abstraite qui se trouve dans les nobles actions et dans les lois équitables et il fera dès lors peu de cas de la beauté corporelle. De la beauté des actes, il passera à celle des sciences jusqu'à ce qu'il n'aperçoive plus qu'une science, celle du Beau.

La page qui suit fait penser au final de *Tristan et Yseult*, à cette exaltation suprême de l'amante qui va prendre essor et rejoindre l'Aimé dans le devenir. Malheureusement, ce n'est, chez Platon comme chez Wagner, qu'un frisson sublime, et le mystère, d'obscur devenu éblouissant, échappe à notre esprit. Trop de lumière aveugle !

Au terme de l'initiation, on aperçoit la beauté éternelle sacrée, impassible, qui ne croît ni ne diminue, beauté qui n'a rien de sensible, qui existe éternellement, absolument, par elle-même et en elle-même.

Le dialogue, après cela, tourne à la scène de genre, Alcibiade à moitié ivre frappe à la porte et fait une entrée bruyante.

Il y a des raisons pour qu'on n'ait pas vu ce qui était servi sur la table d'Agathon et pour que les mets trop helléniques aient rebuté le lecteur chrétien.

La théorie exposée en trois discours par Aristophane, Socrate et Diotima, par trois fois admet et préconise cette aberration que l'Allemagne a fait insérer dans les quotidiens.

Pour les soupeurs qui venaient de parler, la femme n'était pas l'être d'amour et cette erreur est impardonnable, car elle contredit à la nature et à l'expérience, projette une ombre sur le texte, et dérobe aux lecteurs les joyaux enchassés dans ces lignes étonnantes.

Les philosophes grecs furent si entêtés de philosophie qu'ils cherchèrent des disciples même dans l'amour : cette préoccupation professionnelle, oserai-je dire, cette manie, leur fit adopter comme une vertu le vice le plus inesthétique qui soit.

Le dialogue de Lucien, intitulé : *Amours,* constitue un plaidoyer en faveur de la philopédie. Après avoir fait le tableau d'une journée de femme et d'une journée d'éphèbe, il conclut : « Qui n'aimerait ce Mercure dans les gymnases, cet Apollon jouant de la lyre, ce Castor domptant les coursiers, ce mortel qui marche sur la trace des dieux.

« Socrate, que la Pythie a déclaré le plus sage de tous les hommes, entr'autres milles découvertes dont il a enrichi son siècle, lui a fait connaître le précieux trésor de la philopédie » Ceci est fort grave. Achille et Patrocle, Oreste et Pilade, Harmodios et Aristogiton, et d'autres nous représentent le même cas, nous savons que les Phéniciens faisaient le commerce des jeunes garçons et les enlevaient pour les vendre, mais ces figures sont exceptionnelles pour le premier cas, et pour le second rentrent dans la rubrique des vices. Selon Lucien, la théorie du comaste, son association à la philosophie serait l'œuvre de Socrate, et cela n'est guère propre à le faire écouter, comme professeur d'amour.

L'effet de ces déplorables divagations est tel sur le lecteur que me proposant d'emprunter des théories et non d'exposer la doctrine entière, j'aurais tu ces tares, si le *Banquet* ne se trouvait trop aisément pour que cet artifice ait réussi.

Dante, au commencement de son Convito, dit qu'on nettoie le pain, au moment du repas, et il enlève d'abord les tares de son exposition.

Il faut donc ici critiquer le texte que l'on commente. Son caractère ésotérique s'impose : qu'il révèle des principes d'initiation ou qu'il soit la conception d'un génie, il s'adresse à une élite, et ce qui serait légitime pour toutes les sciences, pour celle de l'amour, est un défaut : tout le monde est appelé ou doit être appelé à aimer, puisque tout le monde désire l'amour et que c'est la seule passion qui tienne lieu de génie, de savoir et de richesse, et compense les incapacités, les ignorances et les misères.

Les couples qu'on rencontre un soir de printemps n'appartiennent pas à l'élite, ils peuvent vivre des moments d'élite, si leur instinct se montre capable de quelque discipline.

Je ne crois pas que hors des villes, il y ait des âmes sensibles, ou que nulle part le paysan vaille l'ouvrier ; la sensibilité est un fruit de la culture : mais la culture ne consiste nullement en examens et en diplomes, et les romans-feuilletons, malgré leur stupidité, les vitrines d'antiquités, malgré leur bric-à-brac, les spectacles de Paris, malgré leur bassesse, suffisent à éveiller l'imagination. On peut enseigner l'amour à des gens du commun : c'est même l'unique chose qu'ils puissent apprendre.

Un Grec ne manquerait pas de vanter le rôle social d'une science de l'amour ; voire son importance au sens patriotique. Ces considérations seraient un peu hypocrites de la part d'un métaphysicien du vingtième siècle où le civisme exclusivement passif ne nourrit plus de grands espoirs.

L'erreur socratique appartient à l'ordre irrationnel. Deux identités en s'unissant ne produisent pas d'augmentation qualitative : avec deux flacons de vin, vous en remplirez un troisième qui sera quantitativement le double, mais mélangez de l'eau et du vin et vous obtiendrez une différence de saveur, une tempérance de l'un par l'autre. L'homme et la femme sont des contraires non seulement pour l'extériorité, mais surtout pour l'intériorité ; cérébralement ils s'appellent l'induction et la déduction, la logique et l'intuition ; ils peuvent s'étonner, condition pour s'intéresser : ils ne sentent rien de la même façon, ils ne manifestent rien de manière semblable : et leurs intérêts différent comme leurs motifs d'émotion. Aucune œuvre d'art ne satisfait pleinement notre imagination si nous n'y trouvons pas la simultanéité des deux forces qui forment l'humanité.

Il ne s'agit pas de disputer si le majeur convient à tout et se peut passer du mineur, mais de marier les deux modes comme a fait Wagner. L'analogie nous enseigne que dans l'ordre spirituel comme à l'organique, toute conception implique deux termes simultanés et rien dans l'histoire ni dans l'art ne s'est fait que par l'amour de deux éléments humains.

Il faut être jeune pour songer sérieusement à jouer le rôle de sauveur :

les illusions généreuses sont très ridicules en un temps où le scepticisme n'attend pas le nombre des années et où l'âge des anciens héros est aussi celui de l'indifférence.

Aujourd'hui rien n'est beau, ni le mal, ni le bien.

Ce vers de Musset n'est pas sublime, seulement juste, mais aujourd'hui comme hier et comme demain, des êtres veulent se glorifier et jouir.

C'est à ceux-là qu'on apporte des prétextes de gloire et des recettes de volupté: et à l'économie sociale et à l'économie politique, on ajoutera l'économie passionnelle.

Phèdre nous a vanté l'amour comme un ferment d'héroïsme, ne retenons que l'idée de ferment, ne songeons qu'à l'évolution de la personnalité et donnons-lui son nom théologique de concupiscence. «Malheureux homme que je suis, qui me délivrera du corps de cette mort?» Personne, ô saint Paul, que celui qui nous l'a donné et quand vous dites que les gens mariés doivent vivre comme n'ayant point de femmes, vous tombez au niveau de Tolstoï, qui est un grand déraisonneur! Point n'est besoin de faire un pacte avec ses yeux comme Job «pour ne pas penser à une fille», il suffit d'avoir élevé sa sensibilité assez haut pour voir avec les yeux purs de l'esthète qui jouit cérébralement de la beauté.

Et puis, penser à une fille, en soi ne signifie ni bien, ni mal. Est-ce Persée, est-ce saint Georges qui pense à sauver l'innocence ou le vieux Job qui rêve de lascivités? Penser à une fille, ce peut être le commencement d'une évolution admirable. La chasteté est un idéal, ce n'est ni le seul, ni même le plus grand ce n'est surtout pas celui qu'il faut prêcher dans l'Église militante.

Pausanias distingue deux Vénus, soit deux concupiscences (pour traduire théologiquement); mais la théologie n'admet point de Vénus Uranie: il faut aimer Dieu, sans doute, mais il faut aimer la créature chair de sa chair qui n'a au monde que cet amour pour destinée; les baisers de nos lèvres, les caresses de nos mains lui appartiennent.

Le soupeur du Banquet indique bien quelle auréole entoure l'amour, à cause de son désintéressement. Notre imagination ne s'intéresse vraiment qu'à *Tristan et Yseult*, le drame unique, depuis le *Cantique des Cantiques* jusqu'au dernier roman.

Grâce au ferment de Phèdre, à la dualité des Vénus de Pausanias, nous savons comment le premier principe s'accordera avec le second; l'amour doit tendre à la perfection mutuelle. Eryximaque voit, dans Éros, l'Asclépios de l'âme, il a raison : l'amour apaise et guérit mille maux. Saint Paul en exaltant son idéal apostolique commit la même erreur que tout enthousiaste, il ne vit plus que sa vision et impérieusement tenta de l'imposer : ce fut, de tout temps, le péché des hommes extraordinaires, des conquérants de l'âme. Hors de l'Église, point de salut ; en effet, point de salut aux yeux de l'Église.

La foi est une passion, la plus noble, mais enfin c'est une passion susceptible des purs excès et condamnée à cet aveuglement qui est h condition de l'illumination.

Pour saint Paul, la foi est le seul ferment bénéfique, mais on l'appelle un don et une vertu ; et il ne faut demander à la généralité que selon ce qu'elle a reçu, peu de dons : quant aux vertus, elles sont beaucoup plus rares que les chefs-d'œuvre. L'amour est au fond de tous, ferment universel, il ne s'agit que de tirer de sa fermentation des vertus au lieu des vices : ce n'est nullement impossible.

Aristophane nous arrêtera plus longtemps ; quoique nous soyons décidés à tenir ce qu'il raconte pour une allégorie, les correspondances physiques et morales de l'homme et de la femme s'imposent : que nous ayons été androgynes ou non, la poésie, l'art et la vie semblent consacrés à cette unique recherche de sa moitié ; et sa rencontre pour l'ignorant comme pour le savant constitue la seule joie incontestée de ce monde ; personne qui n'accepte la conclusion du grand comique, que l'état androgyne soit l'état paradisiaque.

Après les lieux communs de l'auteur dramatique, Socrate va enfin serrer la question.

Éros ne signifie pas Amour, mais Désir, et le Désir n'est ni bon ni mauvais ; son objet seul le qualifie. Le Désir est pauvre comme sa mère Poenia. Villiers de l'Isle-Adam a dit, d'après l'Inde : « Toute chose ne se constitue que de son vide », qui serait mieux : « Tout être se qualifie par son désir ». Car pauvreté et vide représentent la même idée. « Dis-moi ce que tu aimes, je te dirai qui tu es », parole courante et cependant profonde. La plupart ne savent pas ce qu'ils aiment ; parce que, selon les moments, le même désir prend diverses formes et que la partition de l'être humain inscrite sur trois portées offre un perpétuel passage du physique au moral et au spirituel.

Ici commence la révélation dont Socrate ne prend ni l'honneur ni la responsabilité et qui représente la plus hautaine affirmation de la libre pensée.

Comme nous sommes convenus au début de cette étude de ramener les traditions à une formule rationnelle, il faut abandonner la théorie des démons et ne retenir que sa définition «d'intermédiaire entre le mortel et l'immortel» et l'appliquer au Désir.

L'essence divine entre en communication avec l'homme par le Désir, et l'homme ne s'entretient avec les dieux que par l'entremise du Désir.

Le Désir apparaît la seule relation du mortel à l'immortel, et redescendant à la physiologie scolaire, nous vérifierons vite que l'être satisfait est sinon un imbécile, du moins, fort médiocre, et que le caractère du bourgeois est certainement le plus bas degré de l'involution, ce contribuable stupidement pacifique qui achète la paix aux prix avilissants et qui réduit ses passions à de mornes habitudes, comme ses idées à quelques principes de police.

Diotima ne nous fait pas d'Éros un portrait aux brillantes couleurs; bohème, aventurier, inventeur, enchanteur, il ressemble à Cagliostro, à Villon, à Verlaine, car il est né hors la loi. Mais ce mauvais garçon constitue le ferment social, car toujours mécontent du présent, il demande à l'avenir de nouvelles impressions. Son père, Poros, le bourgeois olympien, le rentier immortel, le renie et le déteste, à moins que le succès ne vienne absoudre ce détestable garnement né hors la loi, toujours en contravention avec quelque autorité, qu'on a brûlé et pendu comme hérétique et comme larron, et qui cependant est le poète par excellence, le transfigurateur du Monde.

Si l'acte poétique consiste à faire passer une chose du non-être à l'être, le Désir est le souffle même d'Apollon, sans le Désir, aucune communication du ciel à la terre, point de révélation; sans le Désir, aucune image de la perfection, point d'art.

Il y a une impérieuse raison pour qu'Éros ne soit pas beau, puisqu'il est l'inventeur de la beauté qui lui manque, de la justice qui lui manquera toujours. L'idéal n'est que l'objectivation du Désir et cela, Diotima aurait pu le dire et elle eût pu même ajouter que l'Amour est le fils du Désir, son fruit littéralement. Tant que nous vivons des sensations mortelles, c'est-à-dire que nos besoins se bornent à ceux des autres mammifères, l'influx céleste sera impuissant à nous atteindre : le soleil n'ira pas, le voulût-il, échauffer les taupes sous la terre ; sa chaleur n'atteint que ce qui se meut sur la terre, exactement au-dessus d'elle.

De quelle façon l'âme se mouvra-t-elle au-dessus de l'humanité, sinon par le Désir ? Ainsi elle s'expose aux rayons bienfaisants de l'autre Soleil, le Verbe.

Ici le lecteur évoque les désordres, les douleurs et les crimes qu'engendre le Désir. Un ferment en soi ni bon ni mauvais produit, selon le corps ou le cœur où il entre, de l'harmonie ou de la dissonance. Les preuves mathématiques sont toujours fausses en métaphysique, science de la qualité : doubler un nombre ne modifiera pas la nature de ce nombre, mais seulement sa quantité. Les preuves chimiques valent mieux, mais en réunissant les deux fragments d'une pierre, on ne modifierait que son volume.

Chaque sexe est un ferment pour l'autre sexe, voilà ce que saint Paul n'a pas vu, parce que, son Désir évoluait sur un plan exceptionnel, celui du génie religieux : et ces exhortations à la sainteté avaient la même valeur que si Platon eût voulu étendre son Académisme à tous les citoyens de l'Attique. *Non licet omnibus adire Deum*[6] : il faut être riche d'argent pour aller à Corinthe et riche d'âme pour aller à Dieu, sans truchement !

Et le truchement entre l'homme et l'idéal, c'est cet amour, fils du Désir, qui prépare l'âme à un essor, de plus en plus puissant.

Les théologiens et les moralistes auraient évité bien des pages d'exorcismes, s'ils s'étaient posé la question formidable qu'ose Diotima. Ils n'ont vu dans le mariage que l'enfantement animal, le rite de la procréation et comme toujours une bourde allemande vient se placer en sautoir sur les antiques erreurs. Schopenhauer a cru expliquer quelque chose en évoquant le génie de l'espèce. Vraiment, il s'agit bien de cela ! A moins qu'on entende le terme au figuré.

L'Amour, fils du Désir, a une autre mission que d'assurer le recrutement de l'armée et de la gent taillable, corvéable et électorale. Ce n'est pas lui qui verse les bolées de cidre d'où sortent les petits Bretons ou Normands. Éros est un démon et comme tel, il fait les affaires du ciel en ce monde et les affaires du ciel sont nécessairement d'un tout autre ordre que celles de la terre : il préside aux fécondations spirituelles, aux enfantements animiques, pensées, vœux et œuvres.

---

[6] Paraphrase d'un adage latin : *Non licet omnibus adire Corinthum.* Il n'est pas loisible à tous de se rendre à Corinthe (ville où les prostituées étaient réputées très coûteuses) NDE.

Pour descendre, sans transition, du mode spéculatif au plus pratique et réduire l'érotologie à un seul principe, on dira :

L'Amour, le véritable et sublime Amour, est celui qui unit un homme et une femme d'abord pour la beauté qu'ils possèdent et ensuite par la beauté plus haute qu'ils désireront, celle de leurs âmes ; et celle plus haute encore de leurs nobles actions, et celle encore plus élevée de la spéculation contemplative, jusqu'à ce qu'ils n'aperçoivent plus qu'un seul but digne d'eux : leur élévation simultanée.

Cette beauté plus haute que celle qu'ils possèdent, cette beauté de l'âme sera faite de leurs deux désirs en émulation, en collaboration ; comme deux miroirs échangent leurs reflets, ces êtres qui ont commencé par se désirer voluptueusement, se désireront moralement, et ce sera une nouvelle volupté ; et quand ils ne seront qu'une âme, ils auront encore à connaître une troisième ivresse, la possession spirituelle.

A ce point, ils s'apercevront qu'ils sont trois, ils auront vraiment engendré de leur chair, de leur cœur et de leur esprit un enfant, à la fois fils et fille, le véritable androgyne et la mort ne sera pour eux vraiment qu'une porte sur l'éternité.

Je m'excuserais de dire si simplement des choses si graves, si je n'étais rassuré par le long oubli où on les a laissées, et si, aux yeux des gens graves, je n'étais à l'abri des critiques trop spirituels, derrière le buste de Platon.

«Pour ceux qui voudraient de bonne foi qu'on réformât la comédie, pour y ménager, à l'exemple des sages païens et à la faveur du plaisir, des exemples et des instructions sérieuses pour les rois et pour les peuples, je ne puis blâmer leur intention, mais qu'ils songent qu'après tout, le charme des sens est un mauvais introducteur des sentiments vertueux.»

Le précepteur du Dauphin, le confesseur de Louis XIV, le prédicateur de Cour qui eut les plus beaux sujets d'étude, les Lavallière et les Montespan, ignorait-il la psychologie? Elle éclaire tout son art et la machination pathétique de ses discours. On ne peut dire que sa contemplation mystique lui cacha la vie réelle. Nous sommes donc en présence d'un entêtement invincible, qui prend en la personne de l'évêque de Meaux le prestige du génie, mais qui deviendra insupportable lorsqu'il se produira chez des clercs sans vertus et sans talents.

Même, à l'état Bossuétique, cette morale systématique garde un caractère de fausseté et d'illuminisme.

J'ai choisi entre mille autres, cette fin de phrase, pour sa signification : «après tout, le charme des sens est un mauvais introducteur des sentiments vertueux ».

Or, Platon nous représente cet introducteur comme l'unique qui soit. Quelqu'un se trompe, même si aucun ne veut nous tromper.

Le génie de Bossuet est le génie même de la caste sacerdotale ; dépouillé de son art prodigieux, il resterait prêtre de la tête au pied, et fermement appuyé sur les vieux textes, il rendrait les mêmes oracles de sévérité et d'aveugle idéalité.

Si l'idée de la perfection entretient l'artiste dans une perpétuelle inquiétude de son œuvre ; et si un Léonard pousse son disciple à s'examiner sans cesse et le disqualifie dès qu'il se satisfait ; comment incriminer le sacerdote, artiste de l'animisme, d'entretenir le fidèle dans des transes qu'il estime fécondes. Cette pénitence, où il le pousse, n'est-elle pas excellente à lui masquer la réelle horreur de toute vie ; et des hommes d'une pénétration transcendantale, dont Bossuet ne fut que la voix esthétique, n'ont-ils pas découvert que l'homme souffre moins des maux qu'il choisit, et qu'en lui offrant la croix comme une acceptation qui l'honore, on lui voile le plus grand supplice de l'existence telle quelle.

Celui qui a vécu ne prend pas, à leur sens exact, les expressions des heureux de ce monde. Le monarque, le pape, le génie, qui furent si longtemps des idéogrammes pour le désir humain, ne projettent plus d'éblouissement sur les imaginations ; on n'envie plus un être, totalement ; et en lui on n'envie qu'une chose appartenant à cet être ou une circonstance de son destin. Et cela vient de la connaissance exacte que nous avons des personnages et non du changement des temps.

La première et victorieuse objection à la morale religieuse sort de ses résultats ou plutôt résulte de son absence de résultats. Nous ne voyons pas que les lumières soient plus abondantes, ni la charité plus chaude chez les clercs : l'ascétique qui n'aboutit pas à la transposition de la sensibilité et qui l'éteint seulement ne mérite pas de passer à l'état d'enseignement œcuménique.

La seconde réfutation de la prétention sacerdotale sort de la page la plus étincelante de l'Évangile. «La vie est la lumière des hommes» et l'amour a toujours été le vrai nom de la vie.

«Aimez Dieu», diront les clercs et ils auront raison s'ils n'ajoutent point à ce commandement une exécration du monde entier. Aimer Dieu directement, exclusivement comme sainte Thérèse, constitue une prodigieuse exception. «Aimer en Dieu» suffit à la plupart, et pour le salut : car aimer en Dieu c'est rejeter de son amour l'égoïsme, et dès lors tout objet devient un motif de perfection.

Les passions ne cessent ni leur danger ni leur obscurité, en prenant la forme sacrée : et Bossuet, en démêlant si ingénieusement l'orgueil comme grand mobile de la concupiscence, oublie que les prêtres ont été de tout temps les moins humbles des hommes et presque à leur insu.

«De quoi s'entretient, de quoi s'occupe notre jeunesse, dans cet âge où l'on se fait un opprobre de la pudeur ? Que regrettent les vieillards, lorsqu'ils déplorent leurs ans écoulés ; et qu'est-ce qu'ils souhaitent continuellement de rappeler s'ils pouvaient, avec leur jeunesse, si ce n'est les plaisirs des sens ?»

On voit bien que le grand évêque ne veut pas savoir de quoi il parle. Le dernier des viveurs, le plus falot des boulevardiers connaît mieux la matière ; et il n'y a pas de pièce si superficielle qu'elle ne fournisse un meilleur tableau de l'âme humaine. «Les plaisirs des sens ? » Où diable a-t-on pris cette idée de plaisir? Est-ce de l'unanimité du désir, de sa force, de ses fâcheuses conséquences? Le clerc se dupe-t-il aux lectures profanes, aux tableaux, aux trumeaux de porte! Quoi, les fêtes galantes de Watteau servent-elles de textes aux prédicateurs, et qui trompe-t-on ici?

Ces plaisirs n'existent tels que dans l'imagination de l'homme qui les ignore: il les transfigure en les détestant.

Un train rapide qui passe suscite l'idée de gens heureux qui vont au Carnaval de Nice? Avec quelles préoccupations souvent? En proie à quelles maladies, à quelles rancœurs?

Descendons au détail et en nous-mêmes, revivons quelques instants de notre vie sexuelle. Estimons les démarches, les soins qui ont précédé, les déceptions, les complications qui ont suivi: que reste-t-il de plaisir, tel que saint Paul et Bossuet le conçoivent?

A force de se croire des êtres spirituels, par le seul fait de la continence, les clercs donnent aux sens une part exagérée dans les phénomènes sexuels. Ils confondent dédaigneusement l'amant et le débauché, et pour un peu, ils parleraient des plaisirs de la passion, même après avoir lu Musset.

L'alcoolique trouve, à chaque pas, son plaisir et toujours identique, s'il possède la monnaie suffisante; le luxurieux, le débauché, le plus sensuel des hommes ne se meut pas dans de telles conditions. Il se mêle à sa concupiscence mille sentiments qui, pour être bas et égoïstes, n'en sont pas moins des sentiments: jalousie, vanité. Enfin on ne saurait supporter que l'amour pour un être soit assimilé à un appétit d'espèce; et la classification des neuf infractions à la chasteté me plonge dans un indicible étonnement, que les mœchiologies ne diminuent certes pas.

On voudrait connaître l'avis des casuistes sur les cas esthétiques! *Tristan et Yseult* sont adultères et ils en meurent; chacun connaît des honnêtes gens qui le sont aussi quelques moments par mois et qui en vivent. Que dit la théologie morale? On l'ignore: elle a catalogué les délits, sans prendre aucune peine d'examiner si le principe «il y a pas de maladies, mais seulement des malades» ne pourrait pas se trouver en épigraphe de toute morale: «Il n'y a pas de péchés, il n'y a que des pécheurs.»

Que l'amour prenne sa perfection de la forme sociale, le mariage, et de sa consécration religieuse, le sacrement, nul n'y contredit; mais en lui-même il est parfaitement digne et lui seul communique au mariage sa dignité et au sacrement son efficacité.

Pour un esprit droit, les concubins qui s'aiment sont des justes en face des époux qui se trompent. Ce domaine défait leur despotisme ; les clercs accumulèrent les prétentions de resserreurs de liens et de fermeurs de portes. Il y a souvent plus de passion que de réflexion dans les édits des puissants spirituels ou temporels. Vous ne trouvez point, sous une signature autorisée, une seule page où l'amour soit traité avec justice. Ecclésialement, c'est l'ennemi.

Au séminaire, on l'a enseigné, dans le seul souci d'obtenir des bonnes mœurs ; et on s'y flatte dès qu'on pare au scandale, produisant ainsi des vertus négatives sans éclat ni chaleur. On tarit la sensualité afin d'en prévenir les écarts ; et pour avoir des hommes exacts, on les dessèche.

Si l'enseignement d'un Bossuet avait quelque chance de prévaloir, il manifeste un idéal antisocial, mais grandiose que tous salueraient. Il n'est plus qu'une noble curiosité pour quelques esprits et ne recrute que des disciples préparés par quelques disgrâces. Entre le sentiment unanime et l'objurgation sacerdotale, l'abîme se creuse et s'élargit tous les jours, au point qu'ils s'ignorent.

Si les clercs n'étaient pas indignement paresseux, ils se demanderaient pourquoi l'humanité reste si fidèle à une conception de la vie toute différente de celle qu'ils préconisent et comment l'amour a hérité de toutes les conquêtes de la foi sur la brutalité de l'homme ?

Nous en sommes à considérer l'amour comme la vertu suprême. Nos lois fléchissent devant lui, nos arts le contrepointent inlassablement. Le crime passionnel n'est plus un crime.

Et c'est être innocent que d'être amoureux.

Le chef-d'œuvre de notre scène ne voit presque jamais la rampe faute d'amour ; et cette contrainte, que l'opinion imposa à Racine, nous apparaît comme une règle de l'art lui-même.

Toutes les passions représentées nous laissent indifférents, le spectacle de l'amour seul nous trouve attentifs, complaisants. Déplorable ou non, cela est, et malgré le surprenant, l'anathème séculaire qui contredit au commun sentiment, l'humanité obéit à cette attraction mystérieuse.

Entre l'opinion des clercs et celle des laïcs, on doit trouver un terme moyen qui sera le vrai. Depuis bien des siècles Lao-Tseu a dit : « La vérité n'existe qu'au centre des rapports, c'est-à-dire au point où convergent tous les rayons du cercle. »

*

* *

Celui qui écrivit le premier ce titre ambigu : *Physiologie de l'Amour,* fut hardi. Il prétendait «faire une description exacte et scientifique d'une sorte de folie très rare en France». Cette expression suffit à mettre l'ouvrage au rang des gageures. L'amour sexuel est un phénomène trop universel pour qu'on le mette parmi les démences : il peut y confiner et y atteindre, les autres passions y aboutissent aussi, et la vanité inspire tout autant d'absurdes efforts, aux divers étages sociaux, que la passion.

L'importance incomparable de ce thème dans le domaine de l'art, qui est celui de la plus haute vision et de la suprême harmonie, ne permet pas de le juger ni si légèrement, ni si sévèrement.

Stendhal se flatte d'avoir expliqué mathématiquement les divers sentiments qui se succèdent les uns aux autres et dont l'ensemble s'appelle la passion de l'amour. «Je n'écris que pour cent lecteurs!» s'écrie-t-il. Son ouvrage, avec vingt-cinq vignettes par Bertail, a eu la plus populaire édition, chez Barba, à 5 centimes.

«Je cherche à me rendre compte de cette passion dont tous les développements sincères ont un caractère de beauté.» Cela est vrai des développements esthétiques : pour la réalité, il faudrait dire «que cette passion trouve un écho sans cesse vibrant dans presque tous les êtres».

L'auteur de la *Chartreuse de Parme* distingue quatre amours différents. 1° l'amour passion, 2° l'amour goût, 3° l'amour physique, 4° l'amour de vanité. «Au reste, ajoute-t-il, au lieu de distinguer quatre amours différents, on peut fort bien admettre, huit ou dix nuances.» Ce ne sont point des catégories, mais des symptômes interchangeables.

Il y a du physique et de la vanité dans tout amour et l'amour goût devient parfois de la vraie passion.

Pour Henri Beyle, voici ce qui se passe dans l'âme :

> 1° L'admiration.
> 2° On se dit quel plaisir de lui donner des baisers.
> 3° L'espérance.

Ces prémisses se rapportent à la vie mondaine et au cavalier, appuyé contre un chambranle, qui compare et choisit parmi une assemblée : et il y a mille probabilités pour qu'il admire celle qu'on admire autour de lui, la plus fêtée. Les hommes vont comme les moutons et se poussent les uns les autres vers un même point, surtout dans le phénomène du désir.

Mondainement, l'admiration générale décide de la passion : partout où il y a un concours de personnes, le choix se trouve influencé par l'opinion.

La catégorie des artistes, pour qui le modèle représente l'œuvre, ne prouve ni par ses épouses, ni par ses maîtresses que le sens esthétique guide son désir.

La catégorie intellectuelle semble fort indifférente à la beauté morale et enfin les violentes passions, que la célébrité des personnes ou le scandale des dénouements nous révèlent, ne prennent pas leurs motifs de la beauté, mais de la double convenance des êtres et des heures.

L'admiration est un sentiment littéraire, qui naît d'idées préconçues. Quant à l'espérance, comme seconde étape, on ne la trouve pas dans le cœur de Tristan conduisant Yseult à son oncle Marke. Si le héros espérait, ce serait un félon.

On ne rencontre chez Stendhal qu'une page excellente (qu'on devra inlassablement citer) où il compare le mouvement de l'imagination, autour de l'image aimée, à ce rameau de bois sec qui se couvre de diamants mobiles et éblouissants, si on le trempe deux ou trois fois aux mines de sel de Salzbourg. En effet, la sensibilité cristallise autour de l'objet aimé jusqu'à ce qu'il n'y ait plus qu'une femme ou qu'un homme au monde. Alors, le point idéal se trouve atteint.

Les notes de Stendhal sur les mœurs amoureuses causent un grand étonnement : sa documentation tient du rêve.

Il nota ce qui le frappe : et le trait individuel devient un symptôme de race, et la bizarrerie locale une coutume étendue. A cette lecture, l'Italie, au commencement du XIX⁰ siècle, apparaît comme le pays de l'amour, une Paphos, une Amathonte, terre sacrée de la passion profonde.

Il prend quelques facilités de conduite pour l'expression de l'âme péninsulaire, et surtout, il manque de sang froid et de généralisation ; enfin, il a plutôt écrit sur des amours, c'est-à-dire sur des cas qui lui ont plu, que sur l'amour comme problème humain : cela explique son succès de lecture et l'incertitude de ses aphorismes.

« A Florence, l'heureux amant passe quatre ou cinq heures de chacune de ses journées avec la femme qu'il aime. C'est l'intimité la plus complète et la plus tendre ; il la tutoie en présence de son mari et partout. »

Celui qui partira pour l'Italie, sur la foi de telles assertions, s'expose à de rudes mécomptes.

Stendhal a pris des mœurs excentriques pour les mœurs mêmes ; on les découvre à Paris et en toute capitale. Pour les milieux spéciaux, on se méfie d'autant plus des impressions de Stendhal sur les pays où il a vécu, qu'il n'hésite pas à écrire des énormités comme celle-ci: «C'est sous la tente noirâtre de l'Arabe-Bédouin qu'il faut chercher le modèle et la patrie du véritable amour.»

Stendhal aime l'amour, il sent son importance et sa mission il en parle comme Ruskin parlera de l'art, un demi-siècle plus tard, en fanatique.

Un autre romancier, le comte Léon Tolstoï, aurait fait rétrograder la question jusqu'aux théories du monachisme, si un Slave pouvait influer sur la civilisation latine.

Dans la postface de la *Sonate à Kreutzer*, il n'hésite pas à considérer la naissance des enfants comme le but et la justification de l'amour sexuel.

«L'union en mariage ou hors du mariage avec l'objet de l'amour, si poétisée soit-elle, est un but indigne de l'homme, de même qu'est indigne de l'homme, le but d'acquérir, pour soi, une nourriture sucrée et abondante.»

Cette assimilation de Roméo et Juliette à un cas de gourmandise montre le déséquilibre de l'auteur d'*Anna Karénine*. On ne compare que des choses analogues. Tel prince de l'Église qui n'annonce sa venue qu'en donnant son menu ne peut être classé parmi les représentants de l'idéal religieux.

Pour Tolstoï, l'amour en mariage ou hors du mariage, ne facilitera jamais l'atteinte du but digne de l'homme, service de Dieu, de l'humanité, de la patrie, de la science, de l'art.

La chasteté est l'idéal ou plutôt une de ses conditions que doivent faire les époux? Remplacer l'amour sexuel par les relations pures de frère et de sœur.

«Accueillir avec beaucoup de circonspection les réformes radicales, qui n'ont pour elles aucun témoignage de l'expérience, est une prudence.» Certes celui qu'on appelle le grand *moujick*, entra dans le domaine théologique avec de lourdes bottes pour refulminer un canon du concile de Trente, qui déclare anathème quiconque prétend que l'état de continence ne l'emporte pas sur l'état de mariage.

Or, tout esprit droit sera anathème, car il n'y a pas d'état excellent en soi, mais des individus excellents en divers états. Un bon laïc vaut mieux qu'un clerc médiocre et les vertus de l'époux ont été insuffisamment estimées par des gens qui ne les possédaient pas. Au Concile le clerc théologien ne se transfigure pas : il s'honore en exaltant sa profession et le plus humainement sacrifie tout à la suprématie ecclésiastique.

Dans un opuscule intitulé : *Sur la question sexuelle*, M. Bienstock a réuni plusieurs fragments curieux. «L'homme, marié ou célibataire doit toujours être le plus chaste possible, comme l'exprima le Christ et après lui, Paul.» Envers les sexes, l'idéal c'est la chasteté entière, absolue. Pour lui, «l'homme et la femme doivent aspirer à l'absolue virginité, car il faut viser au-delà du but, pour l'atteindre».

L'Histoire de l'Église nous offre la plus belle série d'expériences sur la matière : aucune communion n'a préconisé, exalté et réalisé pareillement la chasteté entière et l'absolue virginité.

L'épithète de vierge est avec celles de docteur, de confesseur et de martyr une désignation insigne de la liturgie. Laissons les saints qui correspondent aux génies et présentent comme eux des vocations individuelles ; envisageons quelle fut la sensibilité, base de la charité chez les hommes chastes. Ils furent implacables. Ce sont des hommes chastes ou ayant la chasteté pour idéal, qui massacrèrent les Albigeois et toutes les espèces d'hérétiques ; l'inquisition est une conception de continents et on peut énoncer comme une loi expérimentalement démontrée :

L'extrême répression de la sexualité déchaîne toutes les autres passions de l'homme. Son orgueil, son avarice, sa gourmandise augmentent. Il est extrêmement difficile d'interdire les manifestations fondamentales de la sensibilité, sans compromettre la sensibilité elle-même.

Ceux qui prétendent que la chasteté est impossible ou nuisible se trompent comme les autres, qui veulent l'imposer à tout venant. Il n'y a là que des questions de personne : le plus grand nombre ne trouvera son salut que dans la forme naturelle.

L'erreur, mère des erreurs, sera toujours de concevoir l'idéal de l'homme hors de ses potentialités. La nature fut calomniée par des individus qui voulurent la surmonter et luttèrent contre ses lois excellentes et nécessaires, dans un dessein tout individuel.

Au domaine de la passion, les avis furent toujours passionnés et partant erronés. La vérité ne se découvre pas aux points extrêmes, mais aux médians et résulte de la convergence des rapports.

Ni saint Pacôme, ni don Juan ne sont des modèles ; la conception mystique contredit à la norme, comme la notion perverse. Les exceptions n'ont jamais été des exemples. L'art permet l'imitation du procédé : la chambre claire de Léonard servira à quiconque, et on ne saurait prendre un meilleur guide que le *Traité de peinture*; mais qui donc se proposerait, sans folie, d'être un second Léonard, et pour cette raison péremptoire, que, dans le domaine subjectif, un homme ne peut jamais être que lui-même, et non tel autre, en érotique comme en esthétique.

L'exécration est un trope de l'éloquence sacrée, comme l'anathème, sans valeur rationnelle. Joad pourrait être pontife de Baal et tout aussi lyrique. Les briques de Ninive nous ont conservé des *anathema sit* à fournir tous les conciles de formules imprécatoires.

Dans la littérature ecclésiastique, l'amour est un péché. Il ne devient légitime qu'en prenant la forme sociale du mariage et en ayant pour but la procréation. Cette opinion dispense de chercher dans les ouvrages ecclésiastiques quelque chose de valable sur cette nature.

Le clerc, saint et théologien, ou séculier et seulement pratique, n'entend rien aux phénomènes sexuels, pour cette raison qu'il ne veut pas y entendre, que la tradition et sa fonction semblent l'obliger à un aveuglement professionnel.

On renonce à utiliser les travaux casuistiques si nombreux et parfois si curieux: la théologie n'admet point d'autre objet que le sien; et si elle se trompe, c'est du moins avec grandeur.

Aux époques de formation, le prêtre fut tout, même médecin: encore, dans certaines îles, le curé est accoucheur. A ces époques et dans ces îles, cela est légitime: le prêtre l'emporte sur le troupeau.

La civilisation retourne simplement la question: le troupeau possède infiniment plus de lumière que le pasteur et telle tête du troupeau dépasse celle du pasteur; la révélation n'a sa force qu'aux matières qui défient l'investigation, l'homme et ses passions appartiennent à l'expérience, il ne saurait donc y avoir d'autorité religieuse en matière de psychologie morale.

Ce serait une impertinence de prétendre qu'on a mal écrit sur l'amour jusqu'ici, et que voici étincelant le flambeau que tant d'illustres efforts n'ont pu allumer. Cependant, il n'a été rien dit de méthodique, et la littérature revendique à peu près tous les ouvrages.

M. de Buffon, qui n'avait pas le goût si sûr qu'il ne fît démolir l'admirable château le Montbard et qui affectionna la périphrase dans le genre où elle est le moins à sa place, a dit un mot bref et profond qu'on peut varier ici: «La doctrine, c'est l'homme», et surtout en matière amoureuse. On en traite de souvenir ou de désir et la biographie de l'auteur donne les sources de son système. Deux catégories semblent mériter une égale suspicion : les clercs et les viveurs.

La science du confesseur fait pendant à l'habileté du procureur, à la magnanimité du capitaine, à la sensibilité des femmes : ce sont des attributs conventionnels. Quel étonnement de voir des esprits élevés se changer en oiseaux stymphalides ou mieux en harpies, dès qu'ils aperçoivent l'amour ? Leur foi leur inspire-t-elle un triste devoir d'exécrer ? L'orthodoxie se borne à l'injustice, comme manifestation.

La casuistique, jurisprudence très policière, n'envisage que le délit ou le quasi-délit, réservant son indulgence au fait transitoire même bestial, et fulminant contre ce qui fait l'honnêteté de la passion, sa durée, sa profondeur, son exclusivité. Si la confession se confondait, comme le croient certains, avec la direction, il y a beau temps que ce très utile sacrement serait tombé en désuétude ; je ne crois pas qu'en aucun temps, il y ait eu beaucoup de confesseurs subtils. Mais la Pénitence consiste en aveu, contrition et réparation, et le prêtre qui reçoit l'aveu n'impose pas même la réparation. Stendhal avait vu l'insuffisance des notions ecclésiastiques : «Toutes nos idées sur les femmes nous viennent en France du catéchisme de trois sous. »

«Il ne faut pas de divorce parce que le mariage est un mystère, l'emblème de l'amour de Jésus-Christ avec son Église.» Et que devenait ce mystère si l'Église se fût trouvée un nom du genre masculin ?

L'amour étant le thème majeur de l'existence, il engage ans cesse la morale, qui forte de sa nécessité, se dresse implacablement contre la passion.

Les juristes de la conscience ont marqué P. V. ou P. M. (péché véniel, péché mortel) avec une tranquillité non pareille et leurs considérants touchent à la fantaisie, quand un P. Benedicti prétend que le péché commis avec une laide est plus grief qu'avec une jolie, pour ce que la volonté y a plus de part.

Qu'est-ce que la beauté vient faire dans la passion ? J'entends la beauté esthétique, celle qu'on admire. Dans la plupart des cas que le scandale des circonstances ou la notoriété des personnages amènent à la publicité, il est bien rare que l'opinion générale trouve légitime la passion inspirée.

Tolstoï n'entend pas la tradition platonicienne, il croit que l'amour a son but en lui-même et il juge ce but indigne de l'homme, et, dépassant

Bossuet, en Slave toujours excessif, il assimile cette grande faim de l'âme, si mystérieuse, souvent si généreuse, au goût des sucreries.

Stendhal, au contraire, regarde la passion comme la fin de l'homme sensible, il célèbre l'amour pour l'amour, comme une sorte d'art pour l'art et n'a cure de morale.

Il semble que sur ce chapitre, l'aveuglement soit fatal, pour les esprits les plus divers.

Bossuet exorcise et Stendhal à l'extrémité opposée ne reconnaît pas les légitimes prétentions de la société et de la famille à opiner dans la matière. Moralement, l'amour est défendu. Esthétiquement on nie la morale. Ce sont là des extrémités et, à tout dire, des erreurs. La parole ecclésiastique et l'inspiration du génie humain, irréconciliables, s'opposent l'une à l'autre.

TABLE DES MATIÈRES